El arte de colgar los tenis

El arte de colgar los tenis

Luis Mora

Número de Control de la Biblioteca del Congreso de EE. UU.:   2014914002
ISBN: Tapa Dura   978-1-4633-9004-4
                   Tapa Blanda   978-1-4633-9003-7
                   Libro Electrónico   978-1-4633-9002-0

Para realizar pedidos de este libro, contacte con:
Palibrio LLC
1663 Liberty Drive
Suite 200
Bloomington, IN 47403
Gratis desde EE. UU. al 877.407.5847
Gratis desde México al 01.800.288.2243
Gratis desde España al 900.866.949
Desde otro país al +1.812.671.9757
Fax: 01.812.355.1576
ventas@palibrio.com
428303

Índice

Ciudad descarnada

Mis lágrimas son la lluvia ácida que derrite mi piel
Mi tristeza el mar que me ahoga
Mis brazos los puentes que no llegan a ti
Mis oídos las alcantarillas para tu voz

Mis piernas las vías de un tren que no quieres recorrer
Mis labios las nubes que no mojan tu cuerpo
Mis huellas las calles que desean atravesarte
Mis ojos el reflejo de dos semáforos en rojo.
Los movimientos de mis manos
son los movimientos de la luna y el sol.
Las señales de mis sentimientos
son los caminos errados a tu amor.

De ciertas violencias

Disparos forman vientos
Del desierto que se quema
Se quema
Con cráneos desnudos.
Se enfría
Con huesos en las hierbas.

Lomas cercas
Lloran muertas
Sangre seca

Amanecen mujeres podridas en la arena
Calor mal herido
Las trasformas en calaveras.
Desiertas mujeres
De ciertas personas
El desierto las llama
Para dejarlas desiertas del alma.

Muerte seca
Muerte cerca
Muerte cierta.

Alegoría de las consecuencias del amor

Tus ojos me siguen y me atrapan en el paisaje del amor. Tus manos plasman la fuerza de nuestros siglos perdidos en los umbrales del olvido. Me conviertes en líquido para mezclarme con la ebriedad de tu secreción y pintarme junto a tu cuerpo. A nuestros pies plasmas el caos de los dioses con la sangre de los cristianos cuando hacen el amor. Con la punta de una daga tallas otro espasmo igual al mío, con la que me despiertas en un lienzo lleno de ansias desnudas que se retuercen en aire húmedo, en aire de locura. Gente desquiciada nunca descubrirá nuestro amor porque lo escondes dentro de un marco, lo hundes en el cielo, y engendras un deseo que acorrala los principios de mi cruz. Sigue violando la luz y borrando los reflejos de la realidad para que jamás termine nuestro oscuro amor.

Dios juega con mi sexo

Sólo hombres juegan con hombres
derraman fuego al cielo
levantan sexo alrededor del infierno.
Conducen despacio a las tres,
a las tres de la mañana
chocan sus almas negras
se persiguen, se alcanzan
y se dejan.

Hay viejos como todos los días
derraman alcohol sobre las rosas
consumen gasolina para consumir cuerpos
conducen en círculos alrededor del infierno
sin soñar
sueñan en el juego de Dios.

Hoy no es un día más de mi pasado
es un día sin tiempo y sin altos
es el día en que Dios
se mueve de un lado al otro
dentro de mí.
El día que me conduce a buscar
juegos de caricias en la calle.
Entre semáforos
Y banquetas
sólo consigo que Dios
penetre en mí.

Palabras baldías

El silencio cubre la parcela de nuestros cuerpos
tu mirada domina mi vientre que se entrelaza con un beso.
brotan nuestras piernas como enredaderas
florecen las caricias que deshojan mi voz.

La humedad de nuestros pechos moja las raíces del alma
las rosas se incendian con el calor de nuestras ramas
reverdece la fuerza del desierto
crecen los frutos del fuego.

Tu palabra es la semilla de la mentira
la carne el fruto del amor vegetal
el verdadero amor es el fruto del silencio desnudo.

Segunda juventud

El silencio en mi boca es un lago.
Dormido aliento de sexo.
Mi cuerpo renace en espinas.
Como navaja de piel dormida.

La noche es mujer
Como ave sin plumas
me desnudo del tiempo
y de mi cara podrida

Hojas nuevas se lubrican
con la menstruación del amanecer
y la frescura del calor de su cuerpo
me vuelve a envejecer.

Sombra del cielo

La sombra de sus ojos
va callada tras las cenizas de una mujer
por la niebla de su cuerpo
se arrastra lamiendo las raíces del poder
por el amor que muere al anochecer.

El siguiente día es la sombra de otro amor
que nace con al amanecer
y muere al anochecer.

Maleta de palabras

Cargo
una manada de ángeles
asesinados ayer.

Llevo
la locura
de los gatos atropellados
con sus aventuras
a siete espacios.

Guardo
mi cruz arrepentida
mi colección
de carnes prohibidas
y un mundo
de universos extinguidos.

Llevo
enjambres de recuerdos,
abanicos de remordimientos
y embotellada
el agua del silencio.

Explotación espiritual

Fuiste
el sonido de la fuente de la risa
     explosión de luciérnagas
     remolino de víboras en mi.

Llégaste al final
del laberinto de mi tímpano
     como canto de estrellas
     o una canción universal.

Apagaste
el reloj de mi vida,
     como un violín sin tocar.
     o una bachata sin bailar.

Tu música espiritual
estalla
en las venas
de cualquiera.

Imágenes desprendidas

Olvidaron
dibujar el perfil de nuestro pensamiento
olvidaron
pintarnos cuadros con alegría.

Sólo
nos enseñaron
el mismo dibujo
de geometrías quebradas
con ganchos oblicuos.

Por eso
terminamos
rayando con crayola
cada biografía,
un montón de mentiras.

Por eso
ocultamos
con aerosol
el agua arrugada
el aire podrido y
el fuego envejecido.

Medusas

En cada mujer de piedra
amarradas en cadena
se deslumbra
las arrancadas alas
de la inocencia
por otra mujer de arena.

En cada estatua atrapada
se cultiva una historia perdida
en casas, galerías y oficinas.

Cada adorno abandonado
sigue criando
muñecas de lodo
hechas por ellas mismas
para ponerlas a la venta.

Música sin alas

Sobre los sueños del aire
el sonido en gotas
cae y se desliza
como el silencio de un violín.

La música después de vivir

Vuelve a tocar el viento
mis oídos ultraja.
Recuerda
Somos un sonido
Sonidos de la luna
Música de vampiros
Aria arañada
me vuelven loca

Cuerdas que rasgan el miedo
Son tus cabellos entre mis manos
Blanco es tu tono
Negro el ritmo de tu cuerpo.

Juega la música en nuestro tiempo
El recuerdo derrama el silencio
en tu piel

Embárrame de tu canto
Baila con mi lengua
Sumérgete en mi tímpano
Que mi cuerpo sea tu instrumento.

Muero en ti

Las puertas
son tus labios
por donde entro y salgo
tus pasillos
son tus piernas
que recorro
con mi lengua.

Las paredes
dan a tu mismo sexo
al revés del suelo
que descubre
un pasadizo recto.

Las persianas
son tus brazos
que envuelven
mi cuerpo.

Las ventanas
de tu continente
dan a castillos despoblados
donde nunca
brincaste
las nubes de lago
donde nunca
cabalgaste
escorpiones
con veneno.

La primera noche

Esperaré
el final
en la ruta de la muerte
esperaré
sin rezar
la llegada
de mil cuchillos
en mi mente
esperaré aquí
sentado.

Me han dicho
que debo morir.

A poca eclipse

Una gota de luna
predice la muerte
de la tierra.

Una mujer desnuda
agoniza
como este planeta.

Un niño
aplasta
una paloma blanca
y con sus manos
ahorca
la fe de su madre.

Un último crepúsculo
proclama
a los muertos
que levanten
cuerpos.

Sólo existe
el olor a dolor
que con sus llamas
al mundo destruyó.

Luz de piel

Me encandiló
el color de tu cuello
me deslumbró
la sombra de tu piel
es un oscurecer soñado
arrancado
de brasas sedientas
de arcángeles
que perfilan
el otro lado
de mi ser.

Me cegó
la textura de tu espuma
me arrastró
tu luz morena.

Me alojé
en tus vellos
que son olas
que me ahogan.

Sobre alimentaste
mis pupilas
que estallaron
cuando dejaste
un hueco
en medio
de una lagrima fría.

Enlace de muerte

Ya no deseo
las telarañas de tu sexo
no soporto
tu bragueta apartada
tu desequilibrio viejo
con tus arracadas de navaja.

No quiero
los mismos besos apretados
con un rostro evangelizado

Alterando tu perfume
maquillando con velas
tu recuerdo.

No deseo
lo podrido de tu hostia
que las urgidas
sepultan en su cuerpo cada día.

No soporto
nuestra historia
que atasca
mis ánimos de alegría.

Al fin
eres
como mi sangre
que me recorres
por dentro.

Muerte letrada

Después de las palabras asesinadas
y de la poesía sin comportamiento
no puedo escribir
no puedo decir

Después de la masacre del lenguaje
y de la resignación de la rima
no puedo pensar
no puedo hablar

Después de mi infancia con los monosílabos
y del destierro del esqueleto literario
no puedo expresar un verso oxidado
ni una letra de un oculto diccionario

Sólo se desliza entre mis manos
la violación de los vocablos.

Sidad

A medio patio me violan
Y dejan mi ciudad desahuciada
bajo orgías subterráneas.
Millones bloquean la principal arteria
de una gota de sangre y tierra.

La última estación se carboniza,
todos huyen
de los ríos de rabia
de los lagos de diarrea
de la lluvia de fiebre
del camino sin salida.

No cesan los bramidos
ni la nubes en mi piel
El sudor del viento,
pudre,
el aire de mi pecho
el aire de mi playa
Pudre cadáveres en vida.

Desfallece mi cuerpo
caen días,
millones de eras en célula.

La sangre flota en tinieblas.
Con plena luz de neón
el hotel reabre sus piernas.

Sobre la noche

Se desnuda el crimen
gatea por el lodo de la calle.
Conozco su misión
conozco mi sumisión
en el columpio de la carne
sobre la brisa de un desconocido amante.

Cruzados en forma de cruz
se derrite en mi boca la espuma de arena
.
Bajo el aroma de muerte
bajo la cruel niebla de ternura
cumplo la sentencia de haber amado,
en la prisión del cuerpo de una puta.

Ángel de la vida y de la muerte

Existe la belleza plena de un ángel
en medio de páginas que cuentan
las tristezas del mundo.

Existe un ángel
que logra volar entre fuego enfurecido
nadar en negras nubes,
correr junto a caballos de mar
y restablecer la creación de la tierra.

Ángel que existe
para endulzar el ambiente,
y deleitar a mortales
con sus alas transparentes.

Ángel que logra combinar
la luz con el ritmo del agua,
que vive en el fondo de una rosa
para que el color de su piel
refleje la esperanza de una
vida sin final.

Acariciar a un ángel

Cada libro
aclama ser tocado por tus dedos
para ser bendecidos y despertar
a lo prohibido.

Cada persona
cree que eres un ángel
con las alas arrancadas
pero tu alma las lleva
yo puedo verlas.

Cada vuelo de tus alas
alcanzan mis sueños,
sueños que temen tocarte.

Cada palabra escrita
te espera
aunque llegues sin respuesta.

Angel Cautivo

Entro al mismo lugar
día y tantos días
perdido en bandadas de libros
logro distinguir a un ángel cautivo.

Entre viejos orificios de estantes
logro descifrar el terciopelo de sus alas
que están atadas
al silencio de una biblioteca.

Entran y salen miles de libros
que esconden la piel de ángel
en páginas perdidas.

Entristecidos libros
que despluman el amor de sus alas
en historias que nadie lee.

Entretanto
en el mismo rincón
escribo las horas de su encierro
hasta que parta su vuelo al cielo.

Angel de la soledad

Esta mañana
fui en busca de mi soledad
que me la robó mi ángel da la guardia
y no me puede acompañar
me abandonó al nacer

nací con tristeza
porque él se fue de mi.

No puedo volar
No puedo encontrarlo
No debo

Esta tarde
El ángel se escondió en la ranura
sin musa
sin carisma
ya no puede entrar

Esta noche
le dije adiós y desde el cielo
me sacudió el recuerdo de mi soledad.

Biblioteca en llamas

Deshojan más libros
en pasillos
sin letras
sin almas

Despuntan mi habitación tallada
Tu tez blanca levanta el cielo
arrancando mis pensamientos

Letras luminosas
pinturas de los más viejos arcángeles
Se aman en lo sobrenatural

En la última creación de los ángeles
seres con la misma luz de la virgen
convierten los personajes de los cuentos
en carne y hueso.

Aparecen en marco celestial
y se llevan el tiempo, la materia y el espacio
de la biblioteca.

Sus libros son el horizonte de los ángeles
Mosaicos de plumas
Es volver a vivir el tiempo contigo.

Ángel que vivió en llamas
y se difuminó con mi pasado.

Ansias blancas sobre ansias negras

Mis recuerdos se arrastran desnudos bajo el reflejo de tus dos lunas. El sol se despunta en medio del orgasmo de la muerte. Sobre el sudor del viento revivo el otoño de mi juventud. Mientras, la sequía de mi cuerpo despierta viejas heridas. Recuerdo cada paso contigo, toda lo que hice fue para nada. Despertaste de nuestro sueño, te levantaste y te fuiste. Te di mi presente y tú me diste tu pasado que ahora arrastro.

Tercer libido

Acosar la belleza del silencio
y ser una flor perdida
es condenarme a lo sobresexual

Crecer en el vacío de una guitarra
y tener la cuerda que late escondida
es prolongar el miedo a ser víctima.

Escuchar los gritos de las muñecas rotas
y despojarlas de sus vestidos
es sacrificar la idea de ser niña.

Creer en el príncipe del caballo negro
y esperar la fantasía de su semen
es naufragar en una gota irreal.

Dioses profundos

Tenías los anillos del sol
una perfecta espalda dorada
cabellera aterciopelada.

Cubrías mis sequias
sumergiéndome en cuerpos fragmentados

Desnudabas a los más bellos Dioses
tu rostro descarapelaba sus deseos
excitados y desnudos
todavía te esperan.

Con cada rey vivo
vives en geometrías cubicas
y montañas quebradas.

Cuerpos fragmentados con caras perfectas
hacen que no me ven

Me traes a los Dioses que sólo te desean
rostros paralizados
esperan
son más de diez
están desnudos
esperando
sus ojos no me quitan el miedo
sus cuerpos no me quitan las ansias.

Noches disueltas

Te deje mis noches disueltas
un espacio entre líneas rojas
un recuerdo vacio.

Entre nosotros sólo hubo rostros de gente desconocida
personas que no nos miran.
Sólo hubo luces de neón que me encandilan y me queman
Perdimos todas las piezas de ajedrez

Recuerdo nuestro silencio
las visiones de un futuro incompleto.
Las noches azules se perdieron entre sueños.

Diamantes azules
rayos dorados
me roden directamente
guardas mis recuerdos.

Las líneas de los ojos
Lloran geometrías
miran el miedo
y salen arrastrados.

En remolinos
forman mis castillos
memorias secas
son laberintos de neón
calles incorrectas
escribieron mis verdaderas historias

Piel de mar

Resbalamos por la espalda de la ciudad
como cascada de palabras
nos mojamos con música de agua

El mar de tu piel ilumina mi cama.
La arena seca mi desierto
Espero ser tu playa
y van y vienen las olas sin viento
sin tu amanecer desnudo
sin el ocaso de nuestra cama.

Te mece mi timidez
o temes estrenar el amanecer.
Nubes de sueño te marean
con la muerte de nuestro tiempo.

Sexo acústico

Cuerdas que rasgan el miedo
son tus cabellos entre mis dedos.
Un sonido de placer y llanto
reunido a mi sangre
me enredo de tu canto.

Bailo mi lengua,
en tu cuerpo instrumento
sin ritmo en la cama

sin tocarme

tenemos sexo sin deseo.

Trampas de fe

Cada domingo aguardo seiscientas vueltas de las manecillas del reloj para probar las lágrimas de una recién casada que huye de la iglesia delirante, para oír las siete campanadas demoníacas de los muertos que aclaman el perdón de Dios, para sentir los rezos de las pecadoras derretidas con la sangre ardiente de Jesús y para inhalar mi afrodisíaco el Espíritu Santo que complace al más exigente postor, pero sólo consigo ver sobre la cruz unas palomas haciendo el amor.

Tu bandera del amor

Enredados con tu bandera
Llegamos a las nubes
con dos nacionalidades
en la frontera
estamos separados.

Cruzo el puente para verte
No nos podemos casar
No nos lo permiten

Nuestras patrias nos separan
No nos ayudan
nos roban uno del otro

Vivir separados
y apartarnos para vivir

Vivimos en guerras
vivimos en amor
enredados en una bandera de amor

arderemos olvidados
hasta que te decidas
dejarla.

Sed inmortal

Quise desnudar al mundo
Cubrirme de tu piel
pero sobre el agua del tiempo naufragué
sobre el silencio de la vida
quebré mis días.

Quise ser el cielo
sobre tu mar tendido
Quise ser el desierto
y quemar tu cuerpo.
Dime
¿Dónde se escucha el eco de tu lluvia?
para ser el viento de tu voz.
¿Dónde se escucha el clímax de tu marea?
para ser la espuma de tu pecho.

Baño publico

A las diez de la noche
Te espero
El lugar y la fecha
Siempre los mismos.

Cuerpo deslumbrante sobre agua sucia
Sexo rosado más bello que el cielo.
Me muestra la piel del secreto
Su lengua se eleva
y apaga las llamas de mi vientre.
Su aliento oscurece pegado al mío
Respiro el humo de su bragueta
que separa mis piernas.
Su raíz penetra por la espalda
y toca la yema del celo.
Se va el grafiti exaltado
hasta la ventana
enciende el tímido olor a fuego
que salta de cuerpo en cuerpo.
Mis labios sumergen
el sabor de piel
con semen hecho espuma
A las once menos diez
Se va el último
se lava las manos
y me deja
escribiendo en la puerta
este poema.

Oscuras realidades

Oscura calle
callas mi pasado
en negro y rojo
callas
recuerdos fragmentados.

Guardas el sudor
de mis ojos,
fotografías
de cuerpos pasados.
Guardas el neón
de mis labios,
fotografías
de cuerpos dorados.
Guardas
mi naturaleza ilegal
mi abismo de cristal
entre un sueño atropellado.

Calle
Santuario tatuado
Perforada pandora
cama rebuscada
que siempre callas
el verdadero aire
del ser humano.

Canto homicida

Canto
el dolor de una iglesia
con veinte sacerdotes
que preparan
un nuevo acto impúdico
sobre una cruz negra.

Canto
la menstruación
de una mujer
que no es mujer
que tiene huesos de fuego
sobre mi cabeza.

Canto
la pureza de dos niños
que encienden
el primer secreto
cerca del corazón de Dios
no les asusta el amor
y creen resolverlo con pasión.

Tristes cantos
que siempre
arruinan el maquillaje
de la inocencia de las prostitutas
cuando las monjas
celebran la llegada
del hijo de Cain.

Antes de morir

Mándame
Un hombre de un chorro
de años
con nuevos vicios.

Mándame
el libro negro
con la tinta
del sacrifico de una hada.

Mándame
el olvido
de una oración frita
con la radiografía
de una loca
enjaulada.

Mándame
el rompecabezas de tu cuerpo
con las facciones de tu sexo

Mándame
la pirámide de tu pecho
con la virtualidad de escalarla

Al fondo de la vía cibernética
se asoman cristianos
a disfrutar el espasmo del milenio.

Cupido suicida

Atravesado
por la flecha de su propia mano
Cupido cae
en la palmas de mi sueño
Cae sobre mis labios.

Aliento de ángel virgen.
Sabor a caliente sangre
Muerdo su manzana desnuda
siento su piel de cielo.

Nuestro cuerpo
cubierto de sabanas de nube
vibran con la seda de sus alas

No fui del amor víctima
ni del sexo vacío
sino del momento
de la nueva creación
entre él y yo.

Hasta donde pueda extender el día

Completamente solos
día y noche juntos.
Los dos de frente
Coexistiendo juntos bajo la soledad
Nuestro último aliento se cayó

La monotonía nos salvó
el amor eterno nos condenó
Sin salida
Sin amigos
Si vivir

Los tríos eran cupidos
que revivían nuestra unión.
El amor eterno que todos buscan nos condenó
Cupido no está en medio de los dos
¿Quién lo asesinó?
Sobrevivir sin Cupido
es vivir sin diversión
juntos y solos a la vez.
agarrados sin míranos
haciendo el amor sin amarnos.

Séptimo Mundo

Crecí sin los besos del sol: desperté sin horizontes, mientras la marea me empapaba de dolor y el viento de embriagante decepción. Estaba colgado del cielo velando mi propio cuerpo. Mi voz era el eco de un rayo y mi sombra el tiempo vacío. Un día tu amor devoró al monstruo de tres cabezas y destruyó la vida de mi séptimo mundo para unirlo a tu primer edén.

Cristo infiel

Todos engañan
con palabras mágicas
de que existe alguien
dentro del corazón.

Ese alguien
que sorprendí
con más de cien millones de amantes
y arriba de todas las camas.

Alguien
que aman todos
y a todos ama
para sembrar
el pánico de una salida
del señor de tu alma.

Alguien
que es llama negra
que hechiza
con su piel de virgen
y con ojos de vidrio de seda.

Alguien
que con las arrugas de su cruz
todavía anda entre incendios
para gozar el sabor de otro muerto.

Sálvame
de su palabra muerta
de su falsa luz
y de que este poema
no llegue a los oídos
del odio de Dios.

La segunda morada

No entendieron los cuentos que les conté cuando nos ahogábamos en las sabanas. Eran las nubes que desnudaron a un hombre para entregármelo. Huyeron de mí, me abandonaron por irse con una mujer. Torbellinos y tormentas. Salte desde el amanecer para revivir la leyenda de mi padre con su amante.

Verdadera paranoia

Detrás
de las paredes
del mar
se respira la nada.

Delante
del tiempo circular
se palpita la nada.

Debajo
de la tierra
se enrosca la nada.

Dentro
de ti
no existe nada
y
ni ebrio
ni durmiendo
podrás escaparte
de mi dulce morada.

El paraíso del infierno

Cinco demonios
en cada esquina
mojan sus pies
en agua bendita
destruyen estrellas
despintan nubes
desfloran la tierra

Nubes vacías
vacían olas
olas con alas
olas con colas

Cuatro demonios
en cada esquina
esperan por siglos
una guerra tardía.

Nubes de guerra
se arrastran
en huellas.

Tres demonios
en cada esquina
patean al mundo
mientras lo giran.

Nubes de fuego
mean urgidas.

Dos demonios
en cada esquina
juegan con un ángel
ángel erecto
dentro de ellos
escupe su fuego.

Sangre nueva

No fui yo
quien despertó
en tus ojos
una pasión.

No fui yo
quien contaminó
el licor sexual
por el otro lado de tu cuerpo.

No fui yo
quien perdió
porque sólo
humedecí mis labios
en tu fuego y tu sangre.
sin moverme del cielo.

Llorar sobre el mar de las sabanas

Hoy no amaneció, ya no existe tu cuerpo encima de mí. Me despedí del último sueño que mojaba las sabanas. Empiezo a vivir sin tu amanecer. En la orilla de la cama, esperaba despertar a tu lado pero no regresaste. Sólo un sombrío sueño me presionó. Esperé tu despertar pero nunca llegó. Me aseguran que no regresaras. Nuestro amor ya murió. Escucho nuestra canción que oleaba el agua de la cama. Abandonaste mi amanecer y mi atardecer, escondiéndote en las olas de otras sabanas. Permanezco cubierto con las nubes de mis almohadas, en la orilla de la cama recuerdo los segundos de tu huracán.

Las santas diablas

Mojadas entre llamas
aprenden sin manos
a darse dolor
se fuman los pechos
se devoran los vientres
se arrancan los pelos

La virgen las mira
les reclama
y en silencio las desea.

La luna sigue callada
yo detrás de ellas
no alcanzo
no olvido
a mi madre
que entre ellas se pasea
no siento
no veo
que entre ellas se desgarra.
Sólo siento dolor al nacer
e interrumpir su orgía.

Baja Ave María
y mátame con tu navaja

Sol moreno

Apagué el fuego de los infiernos
Derrumbé el cielo a tus pies
para levantar tus ojos hacia a mí.
Absorbí la sangre de las nubes,
Desprendí las rimas de mi vida
para entregártelas
Al voltearte sólo vi el punto negro de tu silencio.

Entre el final y el empezar

Me dejaste solo por los mil espacios al escuchar los gritos del cuadro de mi última relación. Bebiste el veneno del cielo y el infierno para volar a esa luz del silencio. Llevándote mi santuario entre tus manos. Dejándome tu ausencia en la orilla de mi soledad. Espere renacer nueve mil siglos para acariciar tú perdón, pero sólo me encajaste la estaca de tu olvido.

Violación del alma

Me hiciste creer que eras una adoración
honrándome con varias poesías
que sólo eran montón de mentiras
que siempre me hostigaron a la tentación.

Pensé que controlaba tu especial ambición
con las cursis palabras de poetas
que eran como pesadas cadenas
que me ataban a tu degradación.

Provocaste mi ingenuo corazón
drogándome con una voz que perfuma
perdí la noción de mi.

Me atrapaste en una perversa prisión
para manchar las esquinas de mi alma
con un plumón de perturbación.

Correo a mi segundo creador

Unas semanas libres y aprovechar para reconstruirme. Hace unas semanas pregunté sobre el procedimiento de la operación. Me podría confirmar para reservar el día para volver a nacer, ser realmente. Planear todo lo más pronto posible.

Espero su respuesta.

Muerte en verano

Recuerdo el suelo caliente cuando chocaba con el aire de tu voz. No puedo olvidar tus palabras, el relejo de tus promesas en mis ojos. No me canso de pensarte, tanto tiempo recordando nuestro pacto. Aunque nunca me atreví a decirte una palabra de amor, ahora te lo dijo con una mirada. Tu imagen está en todas mis historias y recuerdos. En los cuadros de mi vida que me rodean que al día siguiente se van despintando con cada segundo que pasa. Aunque el tiempo se hizo viejo tu imagen sigue joven como tu piel. Estar junto a mí en esta vida, morirás conmigo y me acompañaras hasta mi tumba.

Ser sólo un observador

No vivir
No existir
Sólo ser un espectador
sin arte
sin creación
Sólo observar la vida,
Colgado de un sueño

Esperar años para vivir para nada

Sólo te dan una vida.
Hay bastantes maneras de vivir
pero acosta de mucho dinero y esfuerzo.
Prefiero no ser
duele nacer pero más es dolor de tratar de vivir.

Desplantando el futuro

Cada cuerda de una guitarra es la realidad de tu pasado que no dejas tocar. Modulaste tu tierna edad, escondiéndola en los juegos fatales de tu miedo. Enterrando a todos en la intensidad de tus desgracias. Te moriste cuando él te dejo, te engañó hasta el más tonto. No perdonaste a la vida. Siempre repites la misma realidad. No sales de tu habitación, el tiempo sigue sin ti. A nadie más has vuelto a querer desde que se convirtió en música de fiesta. Y nunca nadie más salto a tu corazón.

No eres un poema

Sólo en un párrafo de un poema hablo de ti.
Mencionando que quiero morir en el cielo de tu piel.
En ese mundo abierto que desconozco
Recorrer ese laberinto de la palabra de Dios
estas palabras para ti son acoso sexual
no eres un poema
eres un dolor de cabeza.

Vámonos de aquí

Todos persiguen los secretos de tu mirada
Desean flotar en tus sueños
me quieren dejar soltero.

A nadie le importa nuestras historias
se ríen de mi amor.
No cree en el amor de más de una semana.

Desean borrar mis sueños para convertirlo en sombras
Los reproches vienen de la soledad de otros.
Vámonos a apartarnos de la sociedad.

La última carta después de tu amor

Siempre he sido sincero, lo tuyo fue mágico. Los últimos días quise verte pero no me dejaron. Ya no sigo en contacto con esa persona. La verdad no sentí lo mismo con esa persona como lo sentí contigo. No quiero perder contacto contigo pero al final se pierde todo.

No es posible al decirme que te mueres por otra persona y ahora me dices que estás confundido. Lo que dices y haces es tan incomprendido. Lo que está pasando sólo es cuestión de tu edad, lo mismo pase. También estuve con otra persona, la besé y me di cuenta que no es justo mentir. Por eso, es mejor terminar lo que nunca empezó.

La callejuela

Regreso, siempre regreso por el mismo sitio.
La realidad está cubierta con ojos que están mintiendo
Las verdades no se creen, ya están prohibidas
Confirman tu ausencia.

Hasta ahora permanece dormido tu regreso
Con mis dedos limpio lo empañado de mis ventanas
Tu alma refleja un abismo.

Otra vez muero por ser tu carne en un columpio
Detengo mis sentimientos
El fondo de tu piel engaña
Muero ahogado en tu superficie.

Péndulos de miedo sobre mi cabeza
Me dicen que no volverás
Regreso a la callejuela donde te conocí
Callejuela quemada quebrada
Siempre me lleva al inicio
Un inicio sin final
Todos empiezan en esta callejuela
Todos caminan al mismo paso
Terminar es regresar.

Me apego

Las nubes sólo las veo en una línea
no existen en tus ojos
llamas de fuego se mueven tranquilas
para desplazarme
almas blancas impulsan su velocidad
y se envuelven en curvas abstractas
blancas y empalmadas
sobre un viento lento.

Una distracción en tu cabeza
te pierde en otro mundo
te busco con una linterna roja
para atravesar las nubes de tu mente
con pequeñas pinzas trátate
me apego a tus locuras
pero tú no a las mías.

Sin vida y sin muerte

Escribir siempre lo mismo
Pensar siempre lo mismo
Sin poder seguir adelante
Sin completar un sueño
Sólo poder ver un pasado vacio
con un futuro ya cancelado

Todo es un mismo camino
con un mismo destino

Madurar las palabras
Madurar los cuentos
sin poder colgarlos

Es más fácil esperar que existir
Sólo observar sin caminar
Quien quiere volar si puedes
Sin salir a respirar
Sin gastar ni morir
millones de imágenes gratis
Sin peligro
Sin ser visto
Ser la inmóvil poesía

Muñeco de porcelana

Siempre recostado en la cama
Un adorno más de la casa
Inmóvil
Callado
Sin pasado ni futuro
Siempre joven
Aburrido
Juguete sexual
Juguete sentimental

Sin preocupaciones
Sin moral
Dispuesto a todo
Disponible
Sin contradecir
Sólo satisfacer

Saber esperar
Saber tolerar
Saber sonreír

Soportar el tiempo
Escuchar sin decir
Sin emociones ni sentimientos
Como vegetal
En venta

Bosque amarillo

El canto de las aves perdidas invade mi insomnio
El sueño de las muñecas me pierde en un bosque
Insectos buscando mis sueños
Buscando la realidad.

Mi realidad es virtual
es fantasía
es tuya.

Vivir a través de ficción
de fantasía
a través de ti.

Inactividad

Siempre inmóvil
Sin enviarte a mis sueños
Perdido
Sólo sonar
Sigo inmóvil como un árbol
Frágil
Quebrado
Sólo esperar el rayo del sol

Una sombra sin esperanza
Mi lado blanco se oscureció
Un cuarto sin salida
Sin direcciones
Sin escribir
Sin moverme
No me obligan a ser inmóvil
Quiero regresar
No puedo cortar estas cadenas
Sólo puedo mirar por la red
Pasión de no hacer nada
Sin fé
Sin fuerza

Sigo encadenado a ti
Y tú en la luna.

Ser irreal

Enciendo mi propio cuerpo
Desangra por mi vanidad
Descansa con el dolor
Ficción y fantasía debajo de mi piel
Cuchillos me parten en mil.
Implantes que desean salir
Dolor mucho dolor me parte en dos

Ser artificial
Ser irreal
Un ensueño criticado
Soy una real ilusión

Apariencia de juventud
de felicidad
de ganas de vivir
de presunción falsa.

Extrañarte

Destruí las paredes de mi habitación para buscarte

Atravesé mil nubespara envolverte en mis brazosy entre mis labios y tu piel se resbaló el tiempo desparecieron las paredes de la vidaSobreviviendo con la lluvia del recuerdo esperamos que nuestros cuerpos no se olviden

que se puedan reconocer con el nuevo amanecer

Inesperado final dorado.